Entspannung fürs Büro

Stopp Dein Gedankenkarussel: Jetzt!

Michael Felske

Bibliografische Information der Deutschen Nationalbibliothek:
Die Deutsche Nationalbibliothek verzeichnet diese Publikation
in der Deutschen Nationalbibliografie; detaillierte
bibliografische Daten sind im Internet über http://dnb.dnb.de
abrufbar.

© 2023 Michael Felske

Foto: Michael Felske

Herstellung und Verlag: BoD – Books on Demand,
Norderstedt

ISBN: 978-3-734748592

INHALTSVERZEICHNIS

Vorwort	07
Atmen	08
Stopp Dein Gedankenkarussell: Jetzt!	13
Muskelentspannungstraining	22
Zazen: Entspannung mit ZEN	36
Traumreise 1: Spaziergang zur Lichtung	44
Traumreise 2: Am Strand	51
Traumreise 3: Ausflug in den Obstgarten	55
Traumreise 4: Tempel auf dem Meeresgrund	61
Haftungsausschluss	67
Raum für eigene Notizen	68

VORWORT

Einfach einmal abschalten. Zeit für Dich haben. Den Alltag für wenige Minuten einmal an Dir vorbeiziehen lassen und wieder neue Kraft tanken. Wer möchte das nicht? Mit dieser Broschüre möchte ich Dir unkomplizierte Möglichkeiten und Wege in die Hand geben mit denen Du Dir Deine Zeit nehmen kannst. Wenn Du diese Übungen einige Male wiederholt hast, dann wirst Du Dich wundern, wie wenig Zeit sie Dich nur kostet: Deine innere warme Dusche der Entspannung. Die beiden ersten Atemübungen sind sehr einfach zu erlernen. Du liest Dir den Übungstext durch und schon kannst Du beginnen. Die von mir selbst entwickelte zweite Übung „Gedankenkarussell abschalten" baut auf der ersten Atemübung auf. Diese ist etwas umfangreicher, aber auch rasch nachzuvollziehen. Wenn Du jemanden findest, der gut und gerne vorliest, dann kannst Du Dich auf die Traumreise begeben und dabei dem Alltag entfliehen. Ergänzend zu dieser Broschüre gibt es diese Übungen auch als Hörbuch.

Viel Erfolg und Entspannung wünscht Dir
Michael Felske

ATMEN

Nach Möglichkeit stelle Dir einen Wecker z.B. im Smartphone für einen Zeitraum von fünf Minuten ein. Suche Dir für diese Übung einen bequemen Platz aus. Es kann Dein Schreibtischstuhl, ein anderer Stuhl oder auch eine Yogamatte auf dem Boden sein. Entscheidend ist: Du musst Dich am Ort Deiner Wahl wohl fühlen. Wenn Du diese Übung im Sitzen durchführen möchtest, dann stelle bitte beide Füße nebeneinander auf den Fußboden. Für die Durchführung im Liegen gilt, dass die Beine nebeneinander liegen und keinesfalls überschlagen sein sollten. Deine Hände und Unterarme liegen entweder auf den Lehnen Deines Stuhles, auf Deinen Oberschenkeln oder neben Dir auf Deiner Matte. Wenn Du Deine gute Position gefunden hast, dann beginnt die Übung jetzt:

„Schließe Deine Augen!

Atme durch Deine Nase ein und dann durch den Mund wieder aus.

Du hörst, wie Du die Luft in Dich aufnimmst.

Du spürst an Deinen Lippen wie sie Dich wieder verlässt. Gleichmäßig.

Ein… und aus.

Ein… und aus.

Deine Nasenwände werden etwas kühl dabei, die Lippen ebenso.

Dein Brustkorb und Deine Bauchdecke heben und senken sich beim Atmen.

Ein... und aus.

Ein... und aus.

Ein... und aus.

Ein... und aus.

Spüre wie die Luft Deinen Oberkörper durchdringt.

Ein... und aus.

Sie gibt Dir Kraft und neue Energie.

Ein... und aus.

Ein... und aus.

Ein... und aus.

Ein... und aus.

Nun stelle Dir vor, dass Du in Dein linkes Bein einatmen kannst.

Ein... und aus.

Ein... und aus.

Ein... und aus.

Ein... und aus.

Und jetzt atmest Du in Dein rechtes Bein.

Ein... und aus.

Ein... und aus.

Ein... und aus.

Ein... und aus.

Deine Beine fühlen die Luft, die sie durchflutet und werden warm dabei. Ganz warm.

Ein... und aus.

Ein... und aus.

Ein... und aus.

Ein... und aus.

Nun atme Deine Luft in die Arme und Hände. Zuerst in den linken Arm.

Ein... und aus.

Ein... und aus.

Ein... und aus.

Ein... und aus.

Jetzt in den rechten Arm.

Ein... und aus.

Ein... und aus.

Ein... und aus.

Ein... und aus.

Arme und Hände werden auch warm. Du spürst jeden Atemzug, den Du für Deinen Körper aufnimmst.

Ein... und aus.

Ein... und aus.

Ein... und aus.

Ein... und aus.

Nun ist der Zeitpunkt gekommen, an dem Du Dich einmal bei Deinem Körper bedanken kannst. Danke dafür, dass er stets so verlässlich seinen Dienst für Dich tut. Jeden Tag, mit jedem Atemzug.

Ein... und aus.

Ein... und aus.

Ein... und aus.

Ein... und aus.

Ein... und aus.

Ein... und aus."

Jetzt ist die Atemübung beendet. Du öffnest Deine Augen, streckst Dich einmal kräftig mit Armen und Beinen. Stehe bitte auf, gehe zum Fenster und begrüße den Rest Deines Tages.

STOPP DEIN GEDANKENKARUSSELL: JETZT!

Mindestens 30.000 Gedanken schießen Dir tagtäglich durch den Kopf. Nicht alle davon sind schön, positiv und von Dir immer wirklich gewollt. Ich verzichte an dieser Stelle darauf mehr über die Auswirkungen negativer Gedanken zu erzählen. Dazu gibt es ausreichend Literatur, besonders im Sektor Motivationstraining.

Es geht bei dieser Übung mit dem Titel „Stopp Dein Gedankenkarussell" um meine Weiterentwicklung der Atemübungen aus dem vorherigen Kapitel. Vielleicht hast Du beruflich mit Problemen und Schwierigkeiten anderer Menschen zu tun. Oder sind es sogar Erkrankungen anderer, mit denen Du Dich befassen musst. Bei mir war das jedenfalls so etwas in dieser Art. Mögliches Szenario habe ich selbst erlebt: Trotz aller Schulungen und Kurse, die ich zum Thema Entspannung absolviert hatte, half die reine Atemübung eines Tages nicht mehr aus. Ein… aus. Und wieder: Ein… und aus. Es war auch nach 20 Minuten nichts zu machen. Die Gedanken rasten trotz aller Konzentration halsbrecherisch wie auf einer Achterbahn weiter durch meinen Kopf. Als ich während der Übung darüber wütend wurde, brach ich ab. Ich unternahm einen kleinen Spaziergang, dachte nach und … kam zu folgendem Ergebnis.

Wenn jeder Mensch so viele Gedanken hat, die das Gehirn beschäftigen (ob ich es will oder nicht), dann muss ich bestimmen, was mein Gehirn tut. Ich musste gewissermaßen meinem „Affen Zucker geben", damit die Gedanken, die ich absolut nicht haben will, endlich aufhören können. Doch wie stelle ich das eigentlich an? Auf diese Frage gab ich mir selbst eine völlig simple Antwort: Ich muss es für mein Gehirn schwerer machen, ich muss es beschäftigen. Folglich beschränkte ich mich nicht nur auf die Worte „Ein" und „Aus" beim Atmen, sondern gab meinem Gehirn noch weitere Aufgaben dazu. Und: Es hat funktioniert. Auf Anhieb und sogar bei Einschlafstörungen. Um besser einzuschlafen, denkts Du Dir statt „Ein" einfach „Schla-" und statt „Aus" einfach „-fen". „Schla-fen" kommt dabei heraus und wenn Du Herrscherin über Dein Gehirn geworden bist, dann funktioniert das auch mit dem Einschlafen und nicht nur mit dem Stopp des Gedankenkreisels.

Wie die gesamte Übung nun abläuft, wird Dich sehr an die erste Atemübung erinnern. Das Prinzip bleibt das gleiche wie bereits erzählt:

Nach Möglichkeit stelle Dir einen Wecker z.B. im Smartphone für einen Zeitraum von fünf Minuten ein. Suche Dir für diese Übung einen bequemen Platz aus. Es kann Dein Schreibtischstuhl, ein anderer Stuhl oder auch eine Yogamatte auf dem Boden sein. Entscheidend ist: Du musst Dich am Ort Deiner Wahl wohl fühlen. Wenn Du diese Übung im Sitzen durchführen möchtest, dann stelle bitte beide Füße nebeneinander auf den Fußboden. Für die Durchführung im Liegen gilt, dass die Beine nebeneinander liegen und keinesfalls überschlagen sein sollten. Deine Hände und Unterarme liegen entweder auf den Lehnen Deines Stuhles, auf Deinen Oberschenkeln oder neben Dir auf Deiner Matte.

Wenn Du Deine gute Position gefunden hast, dann beginnt die Übung jetzt:

„Schließe Deine Augen!

Atme durch Deine Nase ein und dann durch den Mund wieder aus.

Du hörst, wie Du die Luft in Dich aufnimmst.

Du spürst an Deinen Lippen wie sie Dich wieder verlässt. Gleichmäßig.

Ein... und aus.

Ein... und aus.

Deine Nasenwände werden etwas kühl dabei, die Lippen ebenso.

Dein Brustkorb und Deine Bauchdecke heben und senken sich beim Atmen.

Ein... und aus.

Ein... und aus.

Ein... und aus.

Ein... und aus.

Spüre wie die Luft Deinen Oberkörper durchdringt.

Ein... und aus.

Ein... und aus.

Sie gibt Dir Kraft und neue Energie.

Ein... und aus.

Ein... und aus.

Ein... und aus.

Ein... und aus.

Jetzt stelle Dir beim Einatmen das Wort „Ein" bildlich vor. Visualisiere vor Deinem geistigen Auge die Buchstaben „E-i-n".

Ein... und aus.

Ein... und aus.

Ein... und aus.

Ein... und aus.

Jetzt visualisiere Dir dazu auch noch die drei Buchstaben „A-u-s" beim Ausatmen vor Deinem geistigen Auge.

Ein... und aus.

Ein... und aus.

Ein... und aus.

Ein... und aus.

Und nun siehst Du die Worte „Ein" und „Aus" in einer bestimmten Schrift. Du entscheidest Dich für die Schreibschrift aus der Schule.

Ein... und aus.

Ein... und aus.

Ein... und aus.

Ein... und aus.

Welche Farbe hat das Wort „Ein"? Du siehst es nun in blau.

Ein... und aus.

Ein... und aus.

Ein... und aus.

Ein... und aus.

Das Wort „Aus" erscheint ebenfalls in blau.

Ein... und aus.

Ein... und aus.

Ein... und aus.

Ein... und aus.

Jetzt wird „Ein" grün"

Ein... und aus.

Ein... und aus.

Ein... und aus.

Ein... und aus.

Und „Aus" gelb.

Ein... und aus.

Ein... und aus.

Ein... und aus.

Ein... und aus.

„Ein" steht jetzt in weißer Schreibschrift auf einer grünen Tafel.

Ein... und aus.

Ein... und aus.

Ein... und aus.

Ein... und aus.

„Aus" siehst Du nun in roter Schrift auf der grünen Tafel.

Ein... und aus.

Ein... und aus.

Ein... und aus.

Ein... und aus.

Die grüne Tafel hat nun einen weißen Rand.

Ein... und aus.

Ein... und aus.

Ein... und aus.

Ein... und aus.

„Ein" siehst Du nun in Großbuchstaben in schwarzer Farbe vor Dir. Die Tafel ist verschwunden. Die Schrift wird immer größer. Sie kommt langsam auf Dich zu.

Ein... und aus.

Ein... und aus.

Ein... und aus.

Ein... und aus.

„Aus" siehst Du nun auch in Großbuchstaben in schwarzer Farbe vor Dir. Die Tafel ist verschwunden. Die Schrift wird immer kleiner. Sie bewegt sich langsam weg von Dir.

Ein... und aus.

Ein... und aus.

Ein... und aus.

Ein... und aus.

Wie weggewischt lösen sich die beiden Worte jetzt in Deiner Vorstellung in Nichts auf. Die Atemübung ist nun beendet. Du öffnest Deine Augen, streckst Dich einmal kräftig mit Armen und Beinen. Stehe bitte auf, gehe zum Fenster und begrüße den Rest Deines Tages."

Die Bestimmung von Schriftart, Farbe und Tafel als Hintergrund sind Deine Aufgaben an Dein Gehirn. Du befiehlst ihm sie zu lösen. Dadurch bleibt kein Spielraum mehr für die Gedanken, die Dich stören, die Du vermeiden willst. Ich glaube fest daran, dass Dir diese Übung dabei hilft, frei zu werden von unangenehmen Gedanken und Dein Gedankenkarussell endlich zu stoppen. Such Dir selbst Farben und Schriftarten für Deine Übungen heraus. Wenn Du es gewohnt bist mit Textverarbeitung zu arbeiten, dann kennst Du sicherlich ganz viele Schriften. Wenn Du Lust dazu hast, kannst Du Dir ja auch Entwürfe für Deine Übungen mit Deinem Textprogramm herstellen. Beim Anschauen prägst Du Dir die Tafeln auch noch wirksam ein.

Bei allen Übungen wünsche ich Dir ebenso großen Erfolg wie ich ihn hatte. Mittlerweile setze ich die Übungen dazu ein mich auf positive Gedanken zu konzentrieren und die negativen auszuschalten. Das bessere Wort ist in diesem Zusammenhang allerdings „fernhalten", denn mach es wie ich: Übernimm´ mit diesem Training einfach das Kommando über Dein Gehirn!

MUSKELENTSPANNUNGSTRAINING

Suche Dir für diese Übung einen bequemen Platz aus. Es kann Dein Schreibtischstuhl oder ein anderer Stuhl oder auch eine Sitzbank sein. Entscheidend ist: Du musst Dich am Ort Deiner Wahl wohl fühlen. Da Du diese Übung im Sitzen durchführen wirst, stelle bitte beide Füße nebeneinander auf den Fußboden. Strecke einmal zur Probe beide Beine aus und überprüfe, ob Du irgendwo anstößt. Setze Dich dann so hin, dass Du ausreichend Beinfreiheit hast, wenn dies der Fall gewesen sein sollte. Deine Hände und Unterarme liegen entweder auf den Lehnen Deines Stuhles oder auf Deinen Oberschenkeln. Wenn Du Deine gute Position gefunden hast, dann beginnt die Übung jetzt:

„Schließe Deine Augen! Herzlich Willkommen zur Muskelentspannungsübung frei nach Jacobson.

Sitzt Du locker und gerade? Stelle Dich darauf ein, dass Du Dich jetzt entspannen wirst.

Atme durch Deine Nase ein und dann durch den Mund wieder aus.

Du hörst, wie Du die Luft in Dich aufnimmst. Und wieder abgibst. Die Luft wärmst Du auf: Sie strömt kühl in Deine Nase herein und aufgewärmt durch Deinen Mund wieder heraus.

Einatmen.
Ausatmen.

Du beginnst jetzt mit den Anspannungs- und Entspannungsphasen. Ich sage „jetzt" und erst dann beginnst Du mit der Übung. Dann zähle ich für die Dauer der jeweiligen Übung fünf Sekunden herunter. Bei Null löst Du Deine Anspannung und entspannst Dich wieder. Während der Anspannung atmest Du bitte ruhig und gleichmäßig weiter.

Die erste Übung: Winkeln Deine beide Arme im Ellbogen an und mache mit den Händen Fäuste. Dabei drückst Du die Ellenbogen an Deinen Körper heran. Die Fäuste machst Du dabei nicht zu fest, aber spürbar drücken. Bitte jetzt anspannen!

5
4
3
2
1
Stopp.

Entspanne Deine Hände und Arme. Spüre in Deine Hände hinein. Fühlst Du die Entspannung, den Unterschied zur Anspannung? Ist es angenehm für Dich? Vielleicht kribbelt es Dir ein wenig in den Händen, bei einigen Menschen werden sie etwas wärmer als zuvor. Konzentriere Dich auf die Entspannung.

Arme und Hände nimmst Du wieder in die Ausgangsposition wie vor der ersten Übung.

Jetzt beginnen wir mit der zweiten Übung. Du konzentrierst Dich bitte auf Deine Gesichtsmuskulatur. Ziehe bitte zuerst Deine Stirn in Falten, mache die Stirn kraus.

Jetzt!

5
4
3
2
1
Stopp.

Und entspannen. Fühle Deine Gesichtsmuskulatur nach. Spürst Du die Entspannung? Eben war Deine Stirn völlig angespannt – jetzt hast Du die Anspannung fliegen lassen und bist wieder entspannt.

Du atmest gleichmäßig Ein und Aus.

Einatmen...

Ausatmen.

Einatmen...

Ausatmen.

Die nächste Übung, auch wieder für den Kopf.

Kneife bitte Deine Augen ganz fest zu.

Jetzt!

5
4
3
2
1
Stopp.

Entspanne Deine Augen. Spüre dieser Entspannung nach und fühle wie sich Deinen entspannten Augen anfühlen.

Du atmest gleichmäßig Ein und Aus.

Einatmen...

Ausatmen.

Einatmen...

Ausatmen.

Die nächste Übung: Jetzt beiße Deine Zähne spürbar aufeinander. Nicht zu fest, es soll sich keineswegs unangenehm anfühlen.

Jetzt!

5
4
3
2
1
Stopp.

Du atmest gleichmäßig Ein und Aus. Auch während der Anspannung bleibt Dein Atmen gleichmäßig und regelmäßig.

Einatmen...

Ausatmen.

Einatmen...

Ausatmen.

Für die nächste Anspannungs- und Entspannungsübung presst Du Deine Lippen fest aufeinander. Dabei atmest Du durch die Nase weiter gleichmäßig ein und aus.

Jetzt!

5
4
3
2
1

Stopp.

Die nächste Anspannungs- und Entspannungsübung:

Stell Dir eine Marionette vor. Sie wird an Fäden gespielt. Nun stell Dir vor, an Deinem Hinterkopf ist ein solcher Faden. Damit ziehst Du Deinen Hinterkopf nach oben. Dein Kinn legt sich dabei fast auf Deinen Brustkorb. Bitte jetzt anspannen!

5
4
3
2
1

Null

Du entspannst Dich wieder. Du atmest gleichmäßig weiter ein und aus.

Ein...

Aus.

Ein...

Aus.

Für die nächste Übung ziehst Du bitte Deine Schultern, soweit Du es kannst nach oben. Denke dabei wieder an die Marionette. Wie die Fäden an Deinen Schultern sie nach oben ziehen.

Bitte jetzt anspannen!

5
4
3
2
1

Und Stopp!

Wieder ist es Zeit für Entspannung. Deine Kopfhaut, Deine Augen, Dein Kiefer und auch Deine Stirn sind nun locker und fühlen sich wärmer an als vorher. Dein Nacken ist nun auch völlig entspannt, der Schulterbereich lockert sich ebenfalls. Fühle die Entspannung und genieße dieses Gefühl.

Du fühlst Dich in Deiner Entspannung wohl, es wird Dir ein wenig warm. Halte diese Gefühle und spüre ihnen für einige Sekunden nach.

Und atme dabei gleichmäßig weiter:

Ein...

Aus.

Ein...

Aus.

Nun ziehst Du für die nächste Anspannungsübung Deine Schultern gleichzeitig nach hinten und dabei auch ein Stückchen nach unten.

Bitte jetzt anspannen!

5

4

3

2

1

Und Stopp!

Nun lässt Du Deinen Bauch und Rücken hart werden. Stell Dir einfach vor Du müsstest einen Ball mit Deinem Bauch abwehren.

Bitte jetzt anspannen!

5

4

3

2

1

Und Stopp!

Atme ruhig und gleichmäßig ein und aus.

Ein...

Aus.

Ein...

Aus.

Auch während der nächsten Übung lenkst Du Deine Aufmerksamkeit auch auf Deinen Atem. Du fühlst wie die Luft Deine Nasenwände kühlt und wie sie aufgewärmt durch den Mund Deinen Körper verlässt.

Ein...

Aus.

Ein...

Aus.

Für die folgende Übung lenkst Du Deine Aufmerksamkeit auf Deinen Po. Stelle Dir vor, Du musst eine Münze mit Deinen Pobacken festhalten. Dazu kneife bitte beide Pobacken ganz fest zusammen.

Bitte jetzt anspannen!

5
4
3
2
1

Und Stopp!

Atme ruhig und gleichmäßig ein und aus.

Ein...

Aus.

Ein...

Aus.

Für die nun folgende Übung hebst Du beide Beine möglichst waagerecht an und streckst sie aus. Dabei ziehst Du die Zehen Deiner Füße zu Dir heran, so als würden Fäden an ihnen ziehen.

Bitte jetzt anspannen!
5
4
3

2
1

Und Stopp!

Senke Deine Beine wieder nach unten und stelle Deine Füße fest auf den Boden.

Atme ruhig und gleichmäßig ein und aus.

Ein…

Aus.

Ein…

Aus.

Deine Füße stehen fest auf dem Boden. In der nächsten Anspannungs- und Endspannungsübung presst Du Deine Füße so fest Du kannst auf den Boden. Wenn Du nicht gerade in einem Schreibtischstuhl mit Rollen sitzt, dann darfst Du mit Deinem Stuhl gerne auch ein klein wenig kippeln. Doch bitte dabei nicht übertreiben. Mit beiden Füßen presst Du so fest als wolltest Du den Fußboden wegdrücken.

Bitte jetzt anspannen!
5
4
3

2
1

Und Stopp!

Lasse den Druck der Füße auf den Boden nach und entspanne Dich wieder.

Atme ruhig und gleichmäßig ein und aus.

Ein...

Aus.

Ein...

Aus.

Nun entspannst Du Deine Fuß- und Beinmuskulatur - gleichzeitig. Spüre dieser Entspannung nach. Ist es angenehm für Dich?

Nun, am Ende der Muskelentspannungsübungen, ist die Zeit dafür gekommen, dass Du Deinem Körper dankst. Danke, dass Du für mich aktiv bist. Danke lieber Körper für alle Mühen. Danke für alle Anstrengungen. Danke einfach dafür, dass Du immer für mich da bist.
Atme ruhig und gleichmäßig ein und aus.

Ein...

Aus.

Ein…

Aus.

Konzentriere Dich nun auf Deinen Körper. Atme in Deine Arme und Hände bis hinein in die Fingerspitzen. Spüre wie Dein Blut den Sauerstoff durch Deine Arme bis in die Finger transportiert.

Fokussiere Dich auf Dein Gesicht. Durch die Entspannung glättet sich Deine Haut. Die Durchblutung gibt Deinem Gesicht eine gesunde Farbe.

Dein Nacken und Deine Schultern sind entspannt. In Deinem Bauch und Deinem Po spürst Du die Entspannung. Ebenso in den Beinen und Füßen.

Mit jedem Atemzug steigt Deine Entspannung an. Du Atmest gleichmäßig und ruhig tief

Ein…

Aus.
Ein…

Aus.

Du atmest völlig frei und entspannt. Genieße dieses warme Gefühl der Entspannung. Fühle es so, dass Du Dich jederzeit daran erinnern kannst.

Nun beendest Du Deine Übungen. Deine Augen hältst Du immer noch geschlossen.

Gefühlvoll bewegst Du zuerst Deine Finger. Dann rollst Du ein wenig mit Deinen Schultern. Du bewegst Deine Arme. Dabei atmest Du tief ein und Aus. Immer weiter einatmen und ausatmen.

Nun streckst Du Dich. Nimm beide Arme nach oben und räkel Dich auf Deinem Stuhl.

Mit beiden Händen reibst Du Dir über Dein Gesicht. Dann öffnest Du langsam, ganz langsam beide Augen.

Du bist entspannt. Deine Übungen sind nun abgeschlossen.
Die Entspannung nimmst Du Dir als Stärkung mit in den restlichen Tag.

ZAZEN: ENTSPANNUNG MIT ZEN

Nachdem mich die Wirksamkeit der mir geläufigen Entspannungsverfahren nicht mehr überzeugen konnte, machte ich mich auf die Suche nach Alternativen. Fündig geworden bin ich in einem Buch über ZEN-Buddhismus. An Ende dieses Sachbuches erläuterte der Autor das sogenannte „Zazen".

Gemeint ist damit das regungslose Sitzen im Lotussitz mit geöffneten Augen vor einer möglichst kahlen Wand. Das Zazen dauert nicht etwa nur zehn Minuten. Nein, die Rede ist hier von Stunden. Neugierig wie ich nun einmal bin, habe ich das ausprobiert. Wenn der Lotussitz auf einem Sitzkissen nicht funktioniert, dann reiche auch der Schneidersitz. Wenn der auch nicht aushaltbar sei, dann tue es eben ein Hocker, so der Autor. Und schon war ich dabei.

Um die Kontrolle über die Gedankenflut beim Zazen zu erhalten, wird beim Einatmen gezählt, danach beim Ausatmen.

Kurz vorab erläutert bedeutet das: Du zählst in Gedanken „Eins" und atmest durch die Nase ein – dann atmest Du aus. Du zählst „Zwei" und atmest ein, atmest dann wieder aus. Das geht bis zehn, dann wird beim Ausatmen gezählt. Getreu dem gleichen Verfahren: Du zählst „Eins" und atmest aus. Dann atmest Du wieder durch die Nase ein, zählst „Zwei" und atmest aus. Auch das wird bis „Zehn" durchgeführt. Dann wird wieder beim Einatmen gezählt usw.

Das Zählen sorgt dafür das Gehirn zu beschäftigen. So bleibt kaum noch Raum für weitere Gedanken oder sogar ein Gedankenkarussel.

Los geht´s!

Du kannst es Dir auf Deinem Schreibtischstuhl bequem machen – drehe ihn aber vor der Übung vom Schreibtisch weg in Richtung einer Wand. Die befindet sich sowieso meistens hinter Dir.

Deine Augen bleiben geöffnet, die Unterarme liegen auf den Armlehnen.

Eins – Einatmen

Ausatmen

Zwei – Einatmen

Ausatmen

Drei – Einatmen

Ausatmen

Vier- Einatmen

Ausatmen

Fünf – Einatmen

Ausatmen

Sechs – Einatmen

Ausatmen

Sieben – Einatmen

Ausatmen

Acht – Einatmen

Ausatmen

Neun – Einatmen

Ausatmen

Zehn – Einatmen

Ausatmen

Einatmen

Eins – Ausatmen

Einatmen

Zwei - Ausatmen

Einatmen

Drei - Ausatmen

Einatmen

Vier - Ausatmen

Einatmen

Fünf - Ausatmen

Einatmen

Sechs - Ausatmen

Einatmen

Sieben - Ausatmen

Einatmen

Acht – Ausatmen

Einatmen

Neun - Ausatmen

Einatmen

Zehn - Ausatmen

Eins – Einatmen

Ausatmen

Zwei – Einatmen

Ausatmen

Drei – Einatmen

Ausatmen

Vier- Einatmen

Ausatmen

Fünf – Einatmen

Ausatmen

Sechs – Einatmen

Ausatmen

Sieben – Einatmen

Ausatmen

Acht – Einatmen

Ausatmen

Neun – Einatmen

Ausatmen

Zehn – Einatmen

Ausatmen

Einatmen

Eins – Ausatmen

Einatmen

Zwei - Ausatmen

Einatmen

Drei - Ausatmen

Einatmen

Vier - Ausatmen

Einatmen

Fünf - Ausatmen

Einatmen

Sechs - Ausatmen

Einatmen

Sieben - Ausatmen

Einatmen

Acht – Ausatmen

Einatmen

Neun - Ausatmen

Einatmen

Zehn - Ausatmen

… und so weiter. Ich bin mir sicher, dass Du diese Übung allein weiterführen kannst.

Übrigens: Falls Du einmal irgendwo warten musst wie zum Beispiel beim Arzt oder bei einer Behörde – Zazen verhilft dieser Wartesituation zu einer Sinnhaftigkeit, die sonst nicht existieren würde. Ich habe es ausprobiert: Es hilft.

Auch gegen schlechte Gedanken. Immer wenn sie aufkommen, zaze sofort. Diese Technik verscheucht üble Gedanken umgehend und effektiv. Für mich bedeutet dieses Verfahren eine erhebliche Verbesserung meiner Lebensqualität.

Es lohnt sich auch tiefer in die Gedankenwelt des ZEN-Buddhismus einzusteigen. Das ist aber eine Aufgabe für Dein ganzes Leben!

TRAUMREISE 1: SPAZIERGANG ZUR LICHTUNG

Gleich erzähle ich Dir eine wunderschöne Geschichte. Ich nehme Dich mit auf die Reise in eine angenehme Welt voller Gefühle. Du wirst gerne in diese Welt eintauchen und Dir Deine Auszeit vom Alltag nehmen.

Vorbereitungen: Die Position

Damit das auch gut funktioniert, musst Du einige Vorbereitungen treffen. Zuerst ist es besonders wichtig, dass Du alle denkbaren Geräusche ausschaltest. Damit meine ich alle Telefone, Computer und Smartphones, die sich bei Dir im Raum befinden. Sitzt Du im Büro, dann hänge bitte eine Notiz an die Türe, dass Du aktuell nicht gestört werden möchtest. Das machst Du bitte auch, wenn Du Dich während Deiner Mittagspause mit mir auf diese Reise aufmachst.

Nun suche Dir einen geeigneten Platz für diese Übung. Du kannst die Reise im Sitzen unternehmen oder auch gerne im Liegen auf einer weichen Unterlage, wie z.B. einer Yogamatte. Deine Arme legst Du entweder neben Deinen Körper auf die Matte oder legst die Hände auf den Bauch oder an die Hüfte. Unter Deinen Kopf kannst Du Dir ein kuscheliges Kissen legen. Reist Du im Sitzen und Dein Stuhl verfügt über Armlehnen, dann benutze diese oder lege Deine Unterarme auf die Oberschenkel. Für einige Menschen, und dazu zähle ich mich auch, kann im Sitzen die Haltung des Kopfes ein kleines Problem darstellen. Mein Rat aus meiner Erfahrung dazu: Es ist nicht an jedem Tag die gleiche Position, die mir guttut.

Manchmal lege ich meinen Kopf nach hinten an die Stuhllehne, wenn sie hoch genug ist. Ein anderes Mal finde ich es absolut entspannend, meinen Kopf nach vorne Richtung Brustkorb „hängen" zu lassen. Probiere einfach selbst aus, was Dir am besten gefällt.

Vorbereitungen: Gleichmäßig atmen

Du hast Deine richtige Position gefunden? Sehr schön. Dann beginnen wir nun mit dem Übergang in die Ruhe. Wenn es Dir gefällt, dann schließe bitte jetzt Deine Augen.

Konzentriere Dich ab sofort nur auf Dein Atmen. Du atmest durch die Nase tief ein. Dabei spürst Du mit Deiner Nase, dass sich die Luft etwas kühl anfühlt.

Dann atmest Du durch Deinen Mund wieder aus. Diese Luft ist wärmer. Dein Körper hat sie aufgewärmt. Und wieder atmest Du:

Ein...

Aus.

Ein..

Aus.

Dein Brustkorb hebt sich beim Einatmen. Dann senkt er sich beim Ausatmen wieder ab. Für Dich gibt es nur noch das Gefühl des Einatmens und Ausatmens. Gleichmäßig nimmst Du die Luft auf. Sie gibt Dir Kraft und Lebensenergie. Gleichmäßig atmest Du sie wieder aus, damit Platz für frische Luft entstehen kann. Diese beiden Vorgänge steuert Dein Körper von ganz alleine. Du konzentrierst Dich auf nichts anderes als auf die Luft, die Dir Dein Leben spendet. Du atmest:

Ein...

Aus.

Ein...

Aus.

Spaziergang zur Lichtung

Hoch oben über Dir hörst Du das Rascheln von Blättern im lauen Wind. Vögel zwitschern. Sie singen wunderschön. Du gehst auf einem kleinen Waldweg spazieren. Der Boden ist weich, sagen Dir Deine Füße. Der Rand des Weges ist grün. Moos wächst über trockene Äste und formt sich zu kleinen Teppichen. Das Laub raschelt, wenn Du es mit Deinen Füßen berührst. Es ist Sommer. Du trägst ein helles Kleid. In Deinem Wald ist es angenehm warm. Nicht zu heiß und auch nicht zu kalt. Du atmest weiter tief ein und wieder aus. Es riecht nach Wald, nach Bäumen und Kräutern, nach Blumen und Pilzen. Die Luft ist klar und rein. Sie tut Dir gut. Mit jedem Atemzug wirst Du ein Teil dieses Waldes und seiner frischen Luft. Die Bäume sind hoch, stehen dicht beieinander. Sie sind es, die für Dich den Sauerstoff herstellen. Atme tief ein und wieder aus. Schmeckst Du die frische Waldluft?

Du gehst langsam weiter. Die Waldbäume bilden ein Dach über Deinem Waldweg. Zwischen ihren Ästen siehst Du wie zwei kleine Wölkchen an blauen Himmel Fangen spielen. Am Wegesrand findest Du Brombeerbüsche. Am Boden daneben siehst Du wilde Erdbeerpflanzen, die sich wie zu kleinen Familien zusammengefunden haben. Die winzigen Beeren sehen niedlich aus.

Dann schaust Du wieder geradeaus. Dort wird es heller als bisher auf Deinem Weg. Deine Schritte werden ein bisschen schneller. Dort angekommen siehst Du rechts eine Stelle, die nicht von Gebüsch zugewachsen ist. Du stehst jetzt genau da.

Vor Dir öffnet sich das Gebüsch für eine große Lichtung. Eine Wiese voller Blumen und Kräuter. Deine Haut wird warm. Du fühlst die Sonnenstrahlen, die ihren Weg zwischen den beiden kleinen Wolken zur Lichtung gefunden haben. Du gehst ein paar Schritte auf die Wiese. Dabei fühlst Du wie Dich die Gräser und Pflanzen an Deinen nackten Unterschenkeln kitzeln. Vor Dir wachsen fünf rote Mohnblumen. Es ist Klatschmohn mit jeweils sechs Blüten. Sie sind ungefähr kniehoch gewachsen. Zuerst möchtest Du sie gerne pflücken, Dir einen Strauß von ihnen mit nach Hause nehmen. Doch dann hockst Du Dich zu den Blumen herunter und schaust sie an. Du siehst sie ganz genau an. Erkennst die einzelnen Fasern der geknautschten roten Blütenblätter. Du bestaunst die kleinen Fasern an den Stängeln. Du sitzt jetzt neben den Klatschmohnpflanzen. Du betrachtest die Pflanzen weiter und suchst Dir die Schönste aus. Bei dieser streichst Du vorsichtig mit Deinem rechten Zeigefinger über die rauen tiefroten Blütenblätter. Es fühlt sich einfach schön an. Und geheimnisvoll. Die Blüten riechen nicht, sagt Dir Deine Nase.

Du stellst Dir vor, Du wärst ganz klein. Kleiner als eine Wald-Elfe aber größer als eine Biene. So klein geworden kannst Du Dich in Deine Lieblingsblüte hineinlegen und es Dir ganz bequem machen. Jetzt liegst Du innen in der Blüte. Der Wind streicht langsam über die Wiese. Deine Blume wiegt Dich wie ein Baby hin und her. Ganz langsam, ganz vorsichtig. Wie eine wertvolle Frucht schützt Dich Deine Blume.

Du hat beide Augen geschlossen. Du fühlst, wie der Wind sanft über Deine Haut streicht. Dabei lauscht Du in die Wiesenwelt hinein. Ein weißer Schmetterling kommt zu Besuch und landet auf einer Blüte nebenan. Unter Dir zirpen Grillen eifrig um die Wette. Ab und zu brummt eine Biene vorbei. Die gleichmäßigen Bewegungen der Blume schaukeln Dich im Sommerwind. Das Zirpen und Brummen, das Flattern der Schmetterlinge wird leiser, immer leiser. Jetzt hörst Du auch nicht mehr den Wind und das Rascheln der Bäume. Du fühlst Dich geborgen, sicher und glücklich. Du liebst diesen Ort, diese Wiese und diesen Wald. Und Deine Blume liebt Dich.

Mit einem Mal wird es Dir sehr warm. Die Sonne steht jetzt genau über Dir und heizt alle Pflanzen auf. Du drehst Dich auf die andere Seite der Blüte. Nun liegst Du im Schatten. Du atmest gleichmäßig ein und aus. Die Blume bewegt sich dazu im gleichen Rhythmus immer wieder nach links und dann wieder nach rechts. Nun wird es langsam dunkler. Durch Deine geschlossenen Augen merkst Du, dass irgendetwas anders ist.

Jetzt sitzt Du wieder vor Deiner Blume und schaust ihr zu. Sie schließt langsam ihre Blütenblätter zur Guten Nacht. Das macht der Klatschmohn jeden Abend. Als die Blätter völlig geschlossen sind, stehst Du auf und verabschiedest Dich von Deinen Blumen, von der Wiese und auch von allen Bäumen und Sträuchern im Wald. Du versprichst sie bald wieder zu besuchen.

Du atmest immer noch gleichmäßig tief ein ... und aus. Bewege langsam Deine Hände, Deine Arme, die Füße und Beine. Nun strecke Dich, recke die Arme nach oben. Dann streichst Du Dir mit den Händen langsam und zart über Dein Gesicht.

Jetzt öffne bitte Deine Augen.

Unser gemeinsamer Spaziergang zur Lichtung ist nun beendet. Ich wünsche Dir ein langes Leben und noch eine schöne Zeit.

TRAUMREISE 2: AM STRAND

Gleich erzähle ich Dir eine wunderschöne Geschichte. Ich nehme Dich mit auf die Reise in eine angenehme Welt voller Gefühle. Du wirst gerne in diese Welt eintauchen und Dir Deine Auszeit vom Alltag nehmen.

Vorbereitungen: Die Position

Damit das auch gut funktioniert, musst Du einige Vorbereitungen treffen. Zuerst ist es besonders wichtig, dass Du alle denkbaren Geräusche ausschaltest. Damit meine ich alle Telefone, Computer und Smartphones, die sich bei Dir im Raum befinden. Sitzt Du im Büro, dann hänge bitte eine Notiz an die Türe, dass Du aktuell nicht gestört werden möchtest. Das machst Du bitte auch, wenn Du Dich während Deiner Mittagspause mit mir auf diese Reise aufmachst.

Nun suche Dir einen geeigneten Platz für diese Übung. Du kannst die Reise im Sitzen unternehmen oder auch gerne im Liegen auf einer weichen Unterlage, wie z.B. einer Yogamatte. Deine Arme legst Du entweder neben Deinen Körper auf die Matte oder legst die Hände auf den Bauch oder an die Hüfte. Unter Deinen Kopf kannst Du Dir ein kuscheliges Kissen legen. Reist Du im Sitzen und Dein Stuhl verfügt über Armlehnen, dann benutze diese oder lege Deine Unterarme auf die Oberschenkel. Für einige Menschen, und dazu zähle ich mich auch, kann im Sitzen die Haltung des Kopfes ein kleines Problem darstellen. Mein Rat aus meiner Erfahrung dazu: Es ist nicht an jedem Tag die gleiche Position, die mir guttut. Manchmal lege ich meinen Kopf nach hinten an die Stuhllehne, wenn sie hoch genug ist. Ein anderes Mal finde ich es absolut entspannend, meinen Kopf nach vorne Richtung Brustkorb „hängen" zu lassen. Probiere einfach selbst aus, was Dir am besten gefällt.

Vorbereitungen: Gleichmäßig atmen

Du hast Deine richtige Position gefunden? Sehr schön. Dann beginnen wir nun mit dem Übergang in die Ruhe. Wenn es Dir gefällt, dann schließe bitte jetzt Deine Augen.

Konzentriere Dich ab sofort nur auf Dein Atmen. Du atmest durch die Nase tief ein. Dabei spürst Du mit Deiner Nase, dass sich die Luft etwas kühl anfühlt.

Dann atmest Du durch Deinen Mund wieder aus. Diese Luft ist wärmer. Dein Körper hat sie aufgewärmt. Und wieder atmest Du:

Ein...

Aus.

Ein..

Aus.

Dein Brustkorb hebt sich beim Einatmen. Dann senkt er sich beim Ausatmen wieder ab. Für Dich gibt es nur noch das

Gefühl des Einatmens und Ausatmens. Gleichmäßig nimmst Du die Luft auf. Sie gibt Dir Kraft und Lebensenergie. Gleichmäßig atmest Du sie wieder aus, damit Platz für frische Luft entstehen kann. Diese beiden Vorgänge steuert Dein Körper von ganz alleine. Du konzentrierst Dich auf nichts anderes als auf die Luft, die Dir Dein Leben spendet. Du atmest:

Ein...

Aus.

Ein...

Aus.

Am Strand

Du gehst in Deiner Traumreise zum Strand. Unter den rechten Arm geklemmt hast Du eine kuschelige Decke. Jetzt steigst Du die Treppe von der Strandpromenade herunter an den Strand. Die Sonne scheint – es ist lauschig warm. Du trägst nur ein T-Shirt oder eine Bluse, kurze Stoffhose oder Rock. Deine Schuhe hast Du im Auto gelassen.

Deine nackten Füße spüren den warmen Sand. Schritt für Schritt graben sich Deine Zehen ein – Du genießt es. Du schaust nach oben: Zwei Besucher lassen ihre bunten Drachen steigen. Möven schimpfen lauthals über den fremden Besuch in ihrem Revier.

Du gehst weiter Richtung Wasser. Je näher Du kommst, desto lauter hörst Du die Wellen. Heute ist kein starker Wind. Das leise Lüftchen lässt die Wellen träge an das Ufer plätschern.

Gurgelnd zieht sich das Wasser zurück und nimmt nach wenigen Sekunden einen erneuten Anlauf.

In einigen Metern Abstand zum Wasser breitest Du Deine Decke aus und machst es Dir darauf gemütlich. Du trägst jetzt nur noch Badebekleidung.

Heute ist der Strand nicht voller Menschen. Es ist noch früh, die meisten sind noch daheim oder an ihrem Arbeitsplatz.

Du liegst auf dem Rücken und schließt die Augen. Das helle Licht der Sonne zaubert Dir für einen kleinen Moment ein buntes Farbenspiel unter die Lider. Du lächelst und findest es schade, dass es so rasch vorbei ist.

Deine rechte Hand sucht sich den Werg neben die Decke. Deine Finger spielen mit dem warmen Sand. Er rieselt zwischen Deinen Fingern wieder zurück auf den Strand. Du nimmst Dir wieder Sand und setzt das Spiel fort. Dabei spürst Du die angenehme Wärme der Sonnenstrahlen auf Deiner Haut.

In der Ferne zieht ein Segelschiff gemächlich vorbei. Du siehst es nicht, die Augen sind immer noch geschlossen. Die Welt dringt nur durch Deine Ohren zu Dir vor. Weit rechts von Dir hörst Du einige Kinder rufen – sie sind zu weit entfernt – die Stimmen stören Dich nicht.

Wasser und immer wieder Wasser: Das Geräusch der Wellen ist es, was Dich fasziniert. Du konzentrierst Dich ausschließlich darauf und alle anderen Geräusche geraten in den Hintergrund. Die Möven, die Kinder, vorbeilaufende Strandbesucher, anpreisende Eisverkäufer: Du hörst sie alle nicht. Nur die Wellen und deren gleichmäßiges Rauschen ist für Dich alles, was zählt. Die Wellen plätschern an den Strand und leise gurgelnd ziehen sie sich wieder zurück.

Dir fällt das Papierschiffchen ein, das Du früher als Kind gefaltet hast. In Gedanken setzt Du es ins Wasser und staunst wie die Wellen es mit hinaus auf die See ziehen. Die nächste

Welle treibt es wieder zurück. Dabei schaukelt es nur leicht. Jetzt bist Du mit an Bord Deines Schiffchens. Du liegst mit dem Kopf an die Reling gelehnt, hast die Augen zu und lässt Dich hin und her schaukeln.

Ganz regelmäßig treibt es Dich vor und zurück. Manchmal kriegst Du kleine Wasserspritzer ab, die Dich kitzeln. Vor und zurück. Seewärts und landwärts. Das Schaukeln beruhigt Dich, der Klang der Wellen wird leiser und leiser. Die Möven hörst Du schon lange nicht mehr. Das Plätschern der Wellen ist jetzt auch nur noch weit entfernt zu hören. Dann ist es still. Du ruhst Dich aus, Du schläfst ein.

Als Du wieder aufwachst, liegst Du auf Deiner Decke und schaust Du Dich um. Die Sonnenstrahlen färben den Himmel blau. Für Dich ist das ein wunderschöner entspannter Tag!

TRAUMREISE 3: AUSFLUG IN DEN OBSTGARTEN

Gleich erzähle ich Dir eine wunderschöne Geschichte. Ich nehme Dich mit auf die Reise in eine angenehme Welt voller Gefühle. Du wirst gerne in diese Welt eintauchen und Dir Deine Auszeit vom Alltag nehmen.

Vorbereitungen: Die Position

Damit das auch gut funktioniert, musst Du einige Vorbereitungen treffen. Zuerst ist es besonders wichtig, dass Du alle denkbaren Geräusche ausschaltest. Damit meine ich alle Telefone, Computer und Smartphones, die sich bei Dir im Raum befinden. Sitzt Du im Büro, dann hänge bitte eine Notiz an die Türe, dass Du aktuell nicht gestört werden möchtest.

Das machst Du bitte auch, wenn Du Dich während Deiner Mittagspause mit mir auf diese Reise aufmachst.

Nun suche Dir einen geeigneten Platz für diese Übung. Du kannst die Reise im Sitzen unternehmen oder auch gerne im Liegen auf einer weichen Unterlage, wie z.B. einer Yogamatte. Deine Arme legst Du entweder neben Deinen Körper auf die Matte oder legst die Hände auf den Bauch oder an die Hüfte. Unter Deinen Kopf kannst Du Dir ein kuscheliges Kissen legen. Reist Du im Sitzen und Dein Stuhl verfügt über Armlehnen, dann benutze diese oder lege Deine Unterarme auf die Oberschenkel. Für einige Menschen, und dazu zähle ich mich auch, kann im Sitzen die Haltung des Kopfes ein kleines Problem darstellen. Mein Rat aus meiner Erfahrung dazu: Es ist nicht an jedem Tag die gleiche Position, die mir guttut. Manchmal lege ich meinen Kopf nach hinten an die Stuhllehne, wenn sie hoch genug ist. Ein anderes Mal finde ich es absolut entspannend, meinen Kopf nach vorne Richtung Brustkorb „hängen" zu lassen. Probiere einfach selbst aus, was Dir am besten gefällt.

Vorbereitungen: Gleichmäßig atmen

Du hast Deine richtige Position gefunden? Sehr schön. Dann beginnen wir nun mit dem Übergang in die Ruhe. Wenn es Dir gefällt, dann schließe bitte jetzt Deine Augen.

Konzentriere Dich ab sofort nur auf Dein Atmen. Du atmest durch die Nase tief ein.

Dann atmest Du durch Deinen Mund wieder aus. Diese Luft ist wärmer. Dein Körper hat sie aufgewärmt. Und wieder atmest Du:

Ein...

Aus.

Ein..

Aus.

Dein Brustkorb hebt sich beim Einatmen. Dann senkt er sich beim Ausatmen wieder ab. Für Dich gibt es nur noch das Gefühl des Einatmens und Ausatmens. Gleichmäßig nimmst Du die Luft auf. Sie gibt Dir Kraft und Lebensenergie. Gleichmäßig atmest Du sie wieder aus, damit Platz für frische Luft entstehen kann. Du konzentrierst Dich auf nichts anderes als auf die Luft, die Dir Dein Leben spendet. Du atmest:

Ein...

Aus.

Ein...

Aus.

Ausflug in den Obstgarten

Du gehst in Deiner Traumreise in einen Obstgarten. Bei einem Besuch Deiner Verwandten auf dem Bauernhof gab es nachmittags Kaffee und leckeren Kuchen. Dich drängt es danach an die frische Sommerluft.

Gleich hinter der Scheune führt Dich Dein Weg durch den Hühnerhof zum hinteren Ausgang des Hofes. Dort beginnt ein blumengesäumter Feldweg. Am Ende kannst Du schon die Gartentür sehen. Dahinter steigt der Obstgarten langsam nach oben an: Ganz hinten schimmern die tiefroten Kirschen zwischen den grünen Blättern der zwei Dutzend Bäume hindurch. Du öffnest die Gartentür, ziehst sie hinter Dir wieder zu und gehst durch das frisch gemähte Gras. Die Blumen entlang der Umzäunung duften bis zu Dir. Gleich rechts neben Dir hängen Hunderte von roten und schwarzen Johannisbeerenbeeren in den Büschen. Sie warten auf Dich!

Vorsichtig zupfst Du Dir einige Beeren erst in die Hand und dann in den Mund. Auf der Zunge schmeckst Du die Süße der Johannisbeeren. Du testest welche Dir besser schmecken: die Schwarzen oder die Roten. Ungefähr zwanzig Beeren später ist die Entscheidung gefällt: Die roten Johannisbeeren sind Deine Favoriten.

Wenige Meter den Obsthang hoch wachsen jahrzehntealte Stachelbeerbüsche. Auch hier kostest Du. Beim Pflücken bist Du aber ganz vorsichtig, denn sie heißen nicht umsonst Stachelbeeren.

Genug genascht: Du gehst nun in der Mitte des Gartens unter den Bäumen hindurch. Weil sich das Gras schon durch die Schuhe ganz weich anfühlt, ziehst Du Deine Schuhe aus und legst sie neben einen Apfelbaum. Dann gehst Du barfuß weiter. Dabei fühlst Du das warme Gras unter Deinen Füßen. Manchmal kitzeln einzelne Gräser Deine Zehen und Du musst kichern. Ein Blick nach vorn und Du siehst die Birnbäume gleich hinter den beiden Apfelbaumreihen. Ein Ast hängt besonders tief, eine Birne strahlt Dich in Griffhöhe an. Keine Frage: Schnell hast Du die Birne vom Zwei abgedreht und hineingebissen. „Die ist ja mindestens genauso lecker wie die Johannisbeeren von eben", denkst Du und gehst weiter auf die Kirschbäume zu.

Genüsslich verspeist Du Deine Birne. Die Sonnenstrahlen wärmen Deine Haut. E ist genau richtig für Dich: Nicht zu heiß und nicht zu kalt. Du fühlst Dich wohl. Als Du den letzten Bissen der Birne heruntergeschluckt hast, erhebt sich vor Dir ein ausgesprochen hübscher Kirschbaum. Es sind Süßkirschen, die nur darauf warten von Dir gepflückt zu werden. Du angelst Dir zwei Paar mit Stielen und hängst sie Dir über die Ohren. Die Kirschen fünf und sechs wandern hintereinander in Deinen Mund. Die Kerne beförderst Du auf den Rasen. Mit den nächsten Kernen der nächsten Kirschen veranstaltest Du ein Weitspuckwettbewerb. Nach beachtlichen Ergebnissen bist Du stolz auf Dich und merkst erst dann, dass Du insgesamt schon zwei Dutzend Kirschen genascht hast. Die Äste des benachbarten Baumes spenden dichten Schatten. Ein idealer Platz für Dich für eine kleine Pause. Du setzt Dich an den Baumstamm heran, lehnst Dich an und streckst Deine Beine genüsslich aus. Die Füße sind in der Sonne. Du spielst mit Deinen Zehen Fangen mit den Sonnenstrahlen. Kurz darauf legst Du auch Deinen Kopf an den Baumstamm und schließt die Augen.

Ganz weit in der Ferne fährt ein Traktor. Das Tuckern seines Motors klingt über die Felder. Nun achtest Du auf die Geräusche in deiner Nähe. Links von Dir summen Bienen. Sie scheinen sich zu unterhalten. Vorne im höchsten Birnbaum zwitschert ein Vogel. Ein anderer antwortet ihm und scheint ihm ein Lied vorzusingen. Im hohen Gras hinter dem Gartenzaun zirpen Grashüpfer um die Wette. Du hörst sie, obwohl der Zaun ein ganzes Stück von Dir entfernt ist. Das

Zirpen, Summen und Zwitschern wird mit einem Male immer leiser. Die Wärme der Sonnenstrahlen auf Deinen Füßen wird nun „lauter", deutlicher. Dann lässt auch dieses Gefühl nach. Du bist eingenickt und träumst.

Im Trau hüpfst Du von Ast zu Ast durch die Apfelbäume. Die gepflückten Äpfel packst Du in Dein T-Shirt, das Du am Bündchen vorne nach oben gezogen hast. Fünf, sechs Äpfel passen da hinein. Dann kletterst Du ganz nach oben in die Spitze, machst es Dir dort gemütlich und isst gleich alle Äpfel auf. Dann springst Du behände vom Baum hinunter und kletterst gleich danach hoch in einen Birnenbaum. Auch wieder oben in den Wipfeln schaust Du Dich um. Die ländliche Sommerlandschaft liegt ganz friedlich vor Dir. Die Sonnenstrahlen kitzeln Deine Nase. Du musst niesen. Prompt fallen durch die Erschütterung zehn oder zwölf reife Birnen hinunter auf den Rasen. Wieder musst Du kichern.

Plötzlich hörst Du ein Rufen. Erst leise, dann immer lauter. Als Du Deine Augen öffnest siehst Du, dass Du keineswegs oben im Birnbaum sitzt, sondern untern am Fuße eines Kirschbaumes. Die zwei Paar Kirschen hängen immer noch über Deinen Ohren. Da: Wieder das Rufen! Jemand ruft Deinen Namen und kommt näher.

Erst dann bist Du wieder richtig wach, stehst auf und gehst wieder mit zurück ins Haus. Es ist schon Zeit für das Abendessen. Am Tisch lächeln Dich Deine Verwandten an. Es dauert einen Moment bis Du erkennst, dass dies wohl an den vier Kirschen liegt, die über Deinen Ohren hängen. Flugs nimmst Du diese runter und lässt sie Dir gut schmecken. Auf richtiges Abendbrot hast Du keinen Hunger. Kein Wunder, oder?

TRAUMREISE 4: DER TEMPEL AUF DEM MEERESGRUND

Gleich erzähle ich Dir eine wunderschöne Geschichte. Ich nehme Dich mit auf die Reise in eine angenehme Welt voller Gefühle. Du wirst gerne in diese Welt eintauchen und Dir Deine Auszeit vom Alltag nehmen.

Vorbereitungen: Die Position

Damit das auch gut funktioniert, musst Du einige Vorbereitungen treffen. Zuerst ist es besonders wichtig, dass Du alle denkbaren Geräusche ausschaltest. Damit meine ich alle Telefone, Computer und Smartphones, die sich bei Dir im Raum befinden. Sitzt Du im Büro, dann hänge bitte eine Notiz an die Türe, dass Du aktuell nicht gestört werden möchtest. Das machst Du bitte auch, wenn Du Dich während Deiner Mittagspause mit mir auf diese Reise aufmachst.

Nun suche Dir einen geeigneten Platz für diese Übung. Du kannst die Reise im Sitzen unternehmen oder auch gerne im Liegen auf einer weichen Unterlage, wie z.B. einer Yogamatte. Deine Arme legst Du entweder neben Deinen Körper auf die Matte oder legst die Hände auf den Bauch oder an die Hüfte. Unter Deinen Kopf kannst Du Dir ein kuscheliges Kissen legen. Reist Du im Sitzen und Dein Stuhl verfügt über Armlehnen, dann benutze diese oder lege Deine Unterarme auf die Oberschenkel. Für einige Menschen, und dazu zähle ich mich auch, kann im Sitzen die Haltung des Kopfes ein kleines Problem darstellen. Mein Rat aus meiner Erfahrung dazu: Es ist nicht an jedem Tag die gleiche Position, die mir guttut.

Manchmal lege ich meinen Kopf nach hinten an die Stuhllehne, wenn sie hoch genug ist. Ein anderes Mal finde ich es absolut entspannend, meinen Kopf nach vorne Richtung Brustkorb „hängen" zu lassen. Probiere einfach selbst aus, was Dir am besten gefällt.

Vorbereitungen: Gleichmäßig atmen

Du hast Deine richtige Position gefunden? Sehr schön. Dann beginnen wir nun mit dem Übergang in die Ruhe. Wenn es Dir gefällt, dann schließe bitte jetzt Deine Augen.

Konzentriere Dich ab sofort nur auf Dein Atmen. Du atmest durch die Nase tief ein. Dabei spürst Du mit Deiner Nase, dass sich die Luft etwas kühl anfühlt.

Dann atmest Du durch Deinen Mund wieder aus. Diese Luft ist wärmer. Dein Körper hat sie aufgewärmt. Und wieder atmest Du:

Ein...

Aus.

Ein..

Aus.

Dein Brustkorb hebt sich beim Einatmen. Dann senkt er sich beim Ausatmen wieder ab. Für Dich gibt es nur noch das Gefühl des Einatmens und Ausatmens. Gleichmäßig nimmst Du die Luft auf. Sie gibt Dir Kraft und Lebensenergie. Gleichmäßig atmest Du sie wieder aus, damit Platz für frische Luft entstehen kann. Diese beiden Vorgänge steuert Dein Körper von ganz alleine. Du konzentrierst Dich auf nichts anderes als auf die Luft, die Dir Dein Leben spendet. Du atmest:

Ein...

Aus.

Ein...

Aus.

Der Tempel auf dem Meeresgrund

Du gehst in Deiner Traumreise hinunter auf den Meeresgrund. Du sitzt in einem kleinen U-Boot und schaust durch die große Frontscheibe. Vor Dir tummeln sich endlos viele bunte Fische. Sie tanzen vor Deinen Augen in großen Gruppen.

Du kannst unter Wasser frei atmen, brauchst keine Taucherausrüstung, nur Deine Badebekleidung. Das willst Du unbedingt ausprobieren und verlässt das U-Boot durch die geöffnete Luke.

Du atmest intensiv durch die Nase ein und spürst die eingeatmete Luft in deinen Lungen. Nun öffnest Du Deinen Mund nur ein kleines bisschen und atmest langsam aus. Lächelnd schaust Du dabei Deiner Atemluft hinterher. Sie sucht sich in vielen kleinen Luftbläschen den Weg nach oben an die Wasseroberfläche.

Neugierig siehst Du Dich auf dem Meeresgrund um. Eine wunderschöne Landschaft aus Sand, Felsen und Wasserpflanzen erstreckt sich bis an den Horizont. Das saftige Grün der Pflanzen scheint den Meeresgrund einzufärben. Er sieht so wie Rasen aus. Du gehst Schritt für Schritt langsam durch die Pflanzen – es fühlt sich angenehm weich an und kitzelt an Deinen Knöcheln.

Plötzlich kommt von vorne etwas Helles auf Dich zu. Es sieht aus wie eine riesige Wand aus Licht. Sie kommt immer näher und näher. Mit einem Mal steckst Du inmitten der Lichtwand und merkst, dass es sich um einen gigantischen Schwarm silberner Fische handelt. Sie berühren Dich sanft beim Vorbeischwimmen an Bauch und Rippen. Das gefällt Dir. Auf diesen Schwarm folgen weitere. Alle schwimmen in die gleiche Richtung. Du folgst ihnen.

Mittlerweile hast Du Übung im Gehen unter Wasser: Du schwebst eher, als dass Du läufst. Deine Füße berühren den Meeresgrund nur alle paar Schritte, so leicht bist Du. Noch niemals bisher hast Du Dich so leicht gefühlt. Fern am Horizont erkennst Du einen großen Berg, es kann auch ein Felsen sein. Tausende von Fischen schwimmen auf ihn zu. Sie sind schneller als Du. Für Dich ist der Abstand noch sehr groß.

Plötzlich stobst Dich etwas sanft in den Rücken. Du schaust Dich um: Ein Delfin lächelt Dich an. Mutig klammerst Du Dich an seiner Flosse fest und lässt Dich vorwärts ziehen. Dabei saust die Meereslandschaft wie ein buntes wunderschönes Farbenspiel an Dir vorbei.

Kurz vor dem Ziel erkennst Du ein Tor das den Eingang zum Felsen versperrt. Für Dich ist das Tor so groß wie ein Haus. Dein Delfin stoppt davor – Du lässt seine Flosse los. Er schwimmt davon. Um Dich herum tänzeln unendlich viele

Fische auf der Stelle. Sie warten andächtig. Dann werden sie unruhig und bewegen sich schneller. Das Tageslicht spiegelt sich in den Oberflächen der Fische und beleuchtet die gesamte Szenerie.

Mit einem dumpfen Klang öffnet sich das Tor wie von Geisterhand allein. Zusammen mit den Fischen schwebst Du zum Eingang. Dahinter beginnt eine riesige Tempelanlage. Du gehst weiter und bleibst vor dem größten Tempel stehen. Vor Dir ist eine große Bühne aus Muscheln. Darauf stehen sieben überdimensionale Klangschalen. Rechts und links der Muschelbühne erscheinen vier majestätische Schwertfische. Vier Wale schweben von hinten heran. Sie stoppen und harren am Rand der Bühne aus. Es herrscht erwartungsvolle regungslose Stille. Erst als ein Riesenkrake von oben runter schwebt, kommt ein bisschen Bewegung in das Publikum. Der Krake bewegt sich völlig lautlos und setzt sich vor die Bühne. Jetzt hast Du verstanden, dass es heute keine Mönche sein werden, die die Klangschalen spielen, sondern diese vier Musiker. Tonangebend sind dabei das schwertfisch-Quartett und die beiden Wal-Duos. Der Krake dirigiert: Er hebt eine Tentakel und schon schwimmt der erste Schwertfisch auf seine Schale los. Das Konzert beginnt.

Du genießt es, hörst den acht Musikern gebannt zu. Sie zaubern Klänge aus den Schalen, die sich unter Wasser ausbreiten: Du spürst sie am ganzen Körper. Die Klänge massieren Dich, Du spürst sie am Zwerchfell, einfach überall. Jetzt beginnst Du mitzuspielen: Passend zu den Klängen fabrizierst Du Luftbläschen, die blubbernd und tänzelnd nach oben steigen.

Als das Konzert zu Ende ist, stobst Dich Dein Delfinfreund wieder an. Im Nu bringt er Dich zurück zu Deinem U-Boot.

Du steigst ein. Am Surren das Elektromotors merkst Du, dass ihr Euch wieder auf den Weg zum Hafen macht. Durch die Frontscheibe werden Meeresboden und Fische immer unschärfer, dann sind sie komplett verschwunden. Du nimmst Abschied vom Erlebten, als die Sonnenstrahlen von oben ins Boot strahlen. Es taucht auf, die Luke öffnet sich und frische Luft zischt ins Boot. Du atmest intensiv durch die Nase ein und spürst die eingeatmete Luft in Deinen Lungen. Nun öffnest Du den Mund ein wenig und atmest aus.

Du lächelst. Deine Reise ist zu Ende.

HAFTUNGSAUSSCHLUSS

Alle Rechte an dieser Publikation sind vorbehalten. Dieses Werk und seine Teile sind durch das Urheberrecht geschützt. Jedwede Nutzung über die gesetzlich zugelassenen Fälle hinaus bedarf der Zustimmung des Urhebers.

Daraus folgt nach §52a UrhG: Kein Teil dieses Taschenbuches darf in irgendeiner Form ohne schriftliche Genehmigung des Autors reproduziert, verarbeitet oder verbreitet werden. Das gilt auch für die Nutzung in elektronischen Systemen wie beispielsweise dem Internet.

Alle Angaben in diesem Buch wurden vom Autor mit Sorgfalt erarbeitet. Dennoch sind Fehler keineswegs auszuschließen. Der Urheber weist darauf hin, dass er weder Garantie, juristische Verantwortung oder Haftung für Folgen, die auf möglicherweise fehlerhaften Angaben zurückzuführen sind, übernehmen kann.

Jeder Leser ist für sein eigenes Handeln selbst verantwortlich. Da es hier in dieser Veröffentlichung um gesundheitliche Aspekte geht, empfiehlt der Autor dem Leser sich unbedingt fachlichen Rat ausgebildeter Spezialisten einzuholen. Nur diese Fachkräfte können entsprechende Ratschläge geben. Wie es eben so schön heißt: „Zu Risiken und Nebenwirkungen befragen Sie Ihren Arzt und ..."

RAUM FÜR EIGENE NOTIZEN